Whoopie Pies

Abkürzungen

Min.	Minute	ml	Milliliter
Std.	Stunde	cm	Zentimeter
EL	Esslöffel	mm	Millimeter
TL	Teelöffel	Msp.	Messerspitze
kg	Kilogramm	gestr.	gestrichen
g	Gramm	geh.	gehäuft
l	Liter		

compact via ist ein Imprint der Compact Verlag GmbH

© Compact Verlag GmbH
Baierbrunner Straße 27, 81379 München
Ausgabe 2013

Einleitungstext: Iris Hammelmann
Chefredaktion: Dr. Matthias Feldbaum
Redaktion: Isabel Martins
Produktion: Johannes Buchmann
Abbildungen: siehe Bildnachweis S. 80
Titelabbildung: StockFood
Gestaltung: h3a GmbH, München
Umschlaggestaltung: h3a GmbH, München

ISBN 978-3-8174-8982-4
381748982/1

www.compactverlag.de

Inhaltsverzeichnis

Whoopie Pies – rund und süß: alles zu Grundzutaten, Zubereitung & Co.   4

einfach schokoladig   11

fruchtig & bunt   35

raffiniert & ausgefallen   61

4 Whoopie Pies – rund und süß

Wird ein Amerikaner angenehm überrascht, ist es gut möglich, dass er laut „Whoopie!" ausruft. Ob die runden kleinen Gebäckteilchen, die ihren Ursprung in den Vereinigten Staaten haben, ihren Namen bekommen haben, weil sie immer eine ausgesprochen köstliche Überraschung sind, ist nicht belegt. Überhaupt liegt die genaue Entstehungsgeschichte oder gar der Erfinder der unwiderstehlichen Törtchen im Dunkeln. Der Erfolg ist dagegen leicht nachzuweisen: In Maine oder Pennsylvania gibt es jährliche Whoopie-Pie-Festivals mit Wettbewerben, Ponyreiten und natürlich der Preisverleihung für den besten Whoopie Pie des Jahres. Die beiden Staaten streiten regelrecht darum, wer die süßen Sandwiches als sein Nationalgebäck ausrufen darf. Auch in Europa ist die Spezialität, die immer aus zwei gebackenen Teigscheiben und Füllung dazwischen besteht, inzwischen ein Renner.

Sie haben noch nie etwas von Whoopie Pies gehört? Oder zählen Sie sich bereits zu den erklärten Fans der süßen Sandwiches? Egal, ob neugierig und unerfahren oder schon Kenner und begeisterter Bäcker, mit diesem Buch kommt jeder auf seine Kosten. Im Grundlagenteil finden Sie Zubereitungstipps, damit jedes Gebäckstück leicht gelingt und einfach unwiderstehlich wird. Außerdem erfahren Sie alles über die richtigen Zutaten, das Zubehör, das Sie unbedingt haben sollten, und erhalten Anregungen für die Präsentation der Leckereien. Und er stellt Ihnen die französischen Verwandten der Whoopies vor, die Macarons. Wenn Sie Whoopies mögen, werden Sie auch Macarons lieben. Nicht zuletzt bekommen Sie hier natürlich jede Menge Rezepte, die sofort Lust auf mehr machen.
Guten Appetit!

Wer in Sachen Kochen und Backen auf der Höhe der Zeit sein will, der macht die kleinen Kunstwerke selbst. Das macht Spaß, und die Ergebnisse schmecken doppelt gut. Bei der großen Auswahl an Rezepten ist mit Sicherheit für jeden das Richtige dabei. Der Klassiker ist der Schoko-whoopie mit heller oder dunkler Füllung. Aber es gibt auch Kürbis-, Bananen-, Himbeer-, Nusswhoopies und vieles mehr. Das ist das Tolle an den meist knapp handteller-großen Stückchen: Der Fantasie sind bei der Teigauswahl ebenso wenig Grenzen gesetzt wie bei der Dekoration.

Los geht's – die Zubereitung

Wie schon gesagt, bestehen die Küchlein immer aus zwei Teilen, aus dem Teig und der Füllung. Klassisch sind sie etwa handtellergroß, können aber auch kleiner sein, sodass sie mit einem Bissen verspeist werden können. Handelt es sich bei diesem Gebäck nun eigentlich um Kuchen, um Kekse oder um kleine Pasteten? Es trifft alles zu. Die süßen Sandwiches vereinen das Beste von allem, denn sie sind eben „Whoopie".

Damit Ihre neuen Kreationen auf der Zunge zergehen, ist einiges zu beachten:

- Stellen Sie alle Zutaten rechtzeitig bereit, damit sie Zimmertemperatur haben, wenn es losgehen soll.
- Falls Sie keine spezielle Backform bzw. kein spezielles Whoopie-Backblech verwenden, achten Sie unbedingt auf

große Abstände auf dem Blech, da der Teig sich sehr ausdehnt. Im Zweifelsfall lieber mehrere Bleche verwenden.
- Nach der angegebenen Backzeit immer prüfen, ob sich die Gebäcktaler fest anfühlen. Wenn Sie sie zu früh aus dem Ofen nehmen, können sie zusammenfallen. Andererseits sollten sie nicht knusprig wie Kekse sein.
- Nach dem Backen unbedingt gründlich abkühlen lassen. Whoopie Pies sind etwas für Genießer, nicht für Eilige. Wer zu schnell mit der Füllung bei der Hand ist, dem wird sie auf den noch warmen Keksen zerlaufen.
- Whoopies sind perfekt, wenn sie saftig, fest, aber auch ein wenig klebrig sind. Das sind sie vor allem direkt nach der Fertigstellung. Also am besten frisch verzehren. Sie können sie aber auch – mit Abstand und in Schichten mit Alufolie dazwischen – einfrieren.

Tipp

Klassischerweise bestehen Whoopies aus leckerem Rührteig. Nach Geschmack können sie aber auch beispielsweise aus Mürbeteig hergestellt werden.

6

Bereiten Sie den Teig nach der im jeweiligen Rezept angegebenen Beschreibung zu, während der Ofen bereits vorheizt.
Geben Sie ihn portionsweise in die extra dafür vorgesehene
Form bzw. das Whoopie-Blech oder setzen Sie jeweils einen
Esslöffel Teig auf das mit Backpapier ausgelegte Backblech.
Es passen nur ungefähr acht bis maximal zehn Kleckse
auf ein Backblech, da auf ausreichend Abstand zwischen
ihnen geachtet werden sollte! Während der Teig im Ofen ist,
können Sie schon die Füllung zubereiten. Denken Sie aber
daran, dass das fertige Gebäck immer auskühlen muss,
bevor Sie es zu Sandwiches zusammenfügen. Sie dürfen
sich also ruhig Zeit lassen und die Füllung erst zubereiten,
wenn die Küchlein aus dem Ofen gekommen sind. Sie können die Backzeit ja schon einmal nutzen, um alles vorzu-
bereiten, was Sie für eventuelle Verzierungen benötigen.

Die fertigen Teigtaler aus dem Ofen nehmen und etwa
fünf Minuten ruhen lassen, dann auf einen Rost geben, damit sie vollständig abkühlen können. Ist das geschehen, neh-

men Sie ein Küchlein zur Hand und geben die (gegebenen-
falls ebenfalls abgekühlte) Creme mit einem breiten Messer
oder einer Streichpalette auf die untere, die flache Seite. Gut
verteilen und einen zweiten Teigtaler mit der glatten Seite
auf die Füllung geben.

Wer es kunstvoller mag, bringt Marshmallowcreme & Co.
mit einem Sahnespritzbeutel auf. Sie sollten dann eine Spi-
rale von außen nach innen probieren oder ganz dicht am
Rand anfangen und sich in Linien über den Keks arbeiten.
Oder Sie setzen hübsche Punkte eng nebeneinander. Diese
Varianten sehen, wenn die zweite Hälfte aufgelegt ist, ele-
ganter aus als das bloße Bestreichen. Leicht andrücken
und genießen!

Tipp

Backen Sie die Whoopie-Plätzchen auf Vorrat und
frieren Sie sie ein. Nach maximal einem Monat auf-
tauen, mit Füllung versehen und schon nach kurzer
Zeit servieren!

Sollten nicht alle Whoopies auf der Stelle in hungrigen Mündern verschwinden, dürfen sie gern noch verschönert werden. Das geht beispielsweise mit Schokoladen- oder Zuckerguss. Beides kann dazu dienen, die Gebäckstückchen optisch abzurunden oder um Streuseln, Perlen oder anderen Verzierungen einen festen Halt zu geben.

Tipp

Whoopie Pies sind eigentlich süße Leckereien. Aber wer es einmal herzhaft mag, findet in diesem Buch auch einige ausgefallen herzhafte Kreationen.

Zutaten

Zu jedem Rezept in diesem Buch finden Sie eine Zutatenliste. Hier bekommen Sie schon mal einen Überblick über die wichtigsten Zutaten, die Sie immer wieder neu kombinieren können.

Marshmallows: Die amerikanischen Keks-Sandwiches werden gerne mit amerikanischen Marshmallows gefüllt. Die einfachste Art: Die fertigen Teighälften nicht ganz auskühlen lassen, je einen oder einen halben Marshmallow auf die untere Teighälfte legen und kurz im Ofen schmelzen lassen. Dann wie gewohnt den Deckel aufsetzen und leicht

andrücken. In einigen Rezepten werden Sie aber auch Marshmallow Fluff, auch als Marshmallowcreme bekannt, entdecken; das ist eine fertige schaumige Creme aus Trockeneiweiß, Stärkesirup und Zucker.

Getrocknete Früchte: In die eine oder andere Sorte gehören Trockenfrüchte wie z. B. Cranberrys. Vielleicht lieben Sie auch einfach Datteln oder Rosinen und wollen den Teig damit aufwerten. Hinein damit! Achten Sie nur darauf, dass das Trockenobst möglichst nicht mit Schwefel oder anderen Zusätzen behandelt ist, falls Sie darauf empfindlich reagieren. Ansonsten ist nicht viel zu beachten, einfach dunkel und kühl lagern, dann hält es etwa ein Jahr.

Glasuren: Auch pur sind sie ein Genuss, aber eine Glasur rundet die Kuchenkekse einfach ab, sowohl optisch als auch kulinarisch. So können Sie beispielsweise hochwertige Schokolade oder Kuvertüre verwenden, die Sie im Wasserbad schmelzen. Oder man verrührt Puderzucker und Zitronensaft zu einem lecker-knackigen Zuckerguss, der etwa mit Lebensmittelfarbe eingefärbt werden kann.

Tipp

Wenn Sie ohnehin Schokoglasur oder Zuckerguss verwenden, können Sie auch die glatten Seiten, also die Innenseiten der Whoopies, dünn damit überziehen. Die Glasur fest werden lassen und erst dann die Füllung auftragen.

Lebensmittelfarbe: Um schon die Teighälften farbenfroh zu präsentieren, greifen Sie am besten zu Lebensmittelfarbe, die es in nahezu jedem gewünschten Ton gibt. Mit rein pflanzlichen Farbstoffen sind eine große Farbauswahl und vor allem besonders intensive Färbungen kaum möglich. Entscheiden Sie einfach, ob es natürlich oder zur Abwechslung eben auch einmal etwas ausgefallen sein darf. Wenn Sie auf naturidentische Farbstoffe achten, ist die kleine

Zubehör

Im Grunde kommen Sie mit ein oder zwei Backblechen, einem Rost und einer Rührschüssel aus. Sie müssen sich also keine spezielle Ausrüstung zulegen, um köstliche Whoopies zu backen. Wenn Sie aber nicht genug von den Kuchenkeksen kriegen können, sollten Sie sich doch den einen oder anderen Küchenhelfer zurechtlegen.

Backblech: Damit die Whoopie-Hälften im Ofen nicht zu einer einzigen großen Masse werden, müssen Sie auf dem Blech Abstände einhalten. Oder Sie greifen zu einer speziellen Form bzw. zu einem Whoopie-Blech; hier füllen Sie den Teig einfach in die vorhandenen Mulden. Absolut kein Muss, aber sehr praktisch.
Rost: Hat eigentlich jeder. Damit die gebackenen Plätzchen gleichmäßig auskühlen, sollten sie nach dem Backen unbedingt auf einem Kuchenrost liegen.
Nudelholz: Unverzichtbar für alle, die Marzipan oder Fondant verwenden möchten.
Pinsel: Wenn Sie Glanz- oder Farbpulver auftragen möchten, empfiehlt sich ein feines, weiches Modell. Grundsätzlich sollten Sie immer einige Pinsel zur Hand haben, um das Gebäck mit Zuckerguss zu bestreichen oder mit Zuckerfarben zu bemalen.

Ernährungssünde sicher ab und zu zu verkraften. Speisefarbe gibt es hoch konzentriert in flüssiger Form oder als Paste. Außerdem gibt es die Farben in Pulverform; zum Beschriften oder Bemalen etwa von Marzipan- oder Rollfondant sind Lebensmittelfarbstifte sehr praktisch.
Fondant: Die weiche Masse aus Wasser und Zucker wird meistens im Block angeboten. Sie brauchen sie nur ausrollen und können sie anschließend über eine Hälfte der Whoopies legen, die als Oberseite geschmückt werden soll. Ebenso gut können Sie daraus kleine Blüten, Gesichter oder Schmetterlinge formen, die Sie den Kuchenkreationen aufsetzen. Eine Alternative ist oft Marzipan, das als weitere Zutaten Mandeln und meist Rosenöl enthält. Fondant und Marzipan sind bereits eingefärbt erhältlich.
Zuckerdekor: In gut sortierten Supermärkten und in Spezialgeschäften, die ihre Produkte größtenteils auch online anbieten, gibt es ein riesiges Sortiment an Streuseln, Konfetti oder Perlen aus Zucker. Formzucker gibt es als Buchstaben oder Zahlen, als Blumen oder Früchte oder jahreszeitlich passend als Weihnachtsbäumchen, Häschen oder Osterei.

Streichpalette: Unbedingt empfehlenswert. Damit kann man die Füllung auf eine Kekshälfte streichen. Außerdem lässt sich damit ausgerolltes Marzipan oder Fondant leicht auf den Whoopie stülpen, ohne dass die empfindliche Masse bricht bzw. reißt.

Stempel: Für Viel-Bäcker (nicht nur von Whoopie Pies) lohnt sich die Anschaffung spezieller Kunststoffstempel. Das sind Ausstecher, die in Marzipan oder Fondant zusätzlich Muster prägen. Auf die entsprechende Masse setzen und dann einfach auf den Stempel drücken, schon erhalten Sie beispielsweise eine Blume mit passender Struktur.

Neben diesen Utensilien sollten sie außerdem einen **Esslöffel** zur Hand haben, um den Teig auf das Backblech zu setzen. Stellen Sie auch einen Vorrat an kleinen **Schüsseln** oder **Untertassen** für Zuckerherzen, Perlen oder für Streusel bereit. Um die Glasur herzustellen, bietet sich ein **hohes schmales Gefäß** an; da es Whoopies bunt lieben, ist es besser, mehrere hohe Gefäße parat zu haben, um verschiedenfarbige Glasuren zu verwenden. Ebenfalls sehr praktisch ist ein **Wasserbad-Topf**. Der kommt immer dann zum Einsatz, wenn Sie z. B. Kuvertüre schmelzen wollen. Es gibt verschiedene Ausführungen. Der doppelwandige Simmertopf hat eine seitliche Einfüllmöglichkeit für Wasser. Alternativ stellen Sie einfach einen kleinen Topf mit der Schokolade in einen größeren, in dem Sie etwas Wasser erhitzen. Die Kuvertüre bzw. Schokolade sollte aber nicht in kochendem Wasser stehen, da sie sonst gerinnt.

Der große Auftritt

Zugegeben, so mancher Whoopie Pie schafft es womöglich gar nicht bis auf die Kaffeetafel oder in die Geschenkverpackung. Für alle anderen gilt: Mit den süßen Sandwiches wollen Sie als Gastgeber oder als Schenkender überraschen und begeistern. Nehmen Sie sich darum unbedingt Zeit für die Präsentation der hübschen Köstlichkeiten. Besorgen Sie Servietten oder Geschenkpapier passend zur Dekoration der

Whoopies. Sind sie mit Blumen oder Blüten verziert, sollten Servietten oder Papier ebenfalls ein florales Muster haben. Sitzen auf den Küchlein Marzipanschmetterlinge, sollten auch auf der Unterlage welche zu finden sein. Oder Sie entscheiden sich dort für große Blumen, auf denen sich Schmetterlinge wohlfühlen würden.

Es ist auch immer eine gute Idee, Zucker- oder Marzipandekoelemente zwischen die Gebäckteilchen auf den Tellerrand oder in den Geschenkkarton zu setzen. Wählen Sie ein Motto und gestalten Sie die gesamte Kaffeetafel entsprechend. Zum Verschenken legen Sie die Gebäckstücke am besten in einen Kuchen- oder Tortenkarton. Die gibt es mit oder ohne Tragegriff. Wählen Sie entweder einen bereits ansprechend bedruckten oder bemalen bzw. bekleben Sie ein schlichtes Modell passend zum Anlass selbst.

Übrigens müssen auch schlichte Whoopies nicht ‚trostlos‘ auf der Kuchenplatte liegen. Sie haben sich für eine Erd-

10

beerfüllung entschieden? Legen Sie frische Erdbeeren dazu. Klassische Varianten mit Marshmallowcreme und vielleicht sogar mit Erdnussbutter können Sie auf einer amerikanischen Flagge servieren. Oder Sie stellen kleine Figuren wie etwa die Freiheitsstatue dazu. Wenn es schnell gehen soll, greifen Sie zu Wickelfolie. Die glänzt hübsch und ist in vielen Farben erhältlich. Whoopies einzeln einwickeln – fertig sind zauberhafte Mitbringsel.

Die französischen Verwandten: Macarons

Kleine runde Kekse, zweiteilig, in allen erdenklichen Farben mit einer Cremefüllung in der Mitte. Diese Beschreibung passt nicht nur auf Whoopie Pies, sondern auch auf Macarons. Dieses Gebäck hat eine erheblich längere Tradition, wobei die Herkunft ähnlich wie bei den Whoopies ungeklärt ist. Als sicher gilt, dass es ein erstes schriftliches französisches Rezept aus dem 16. Jahrhundert gibt.

Äußerlich könnte man Macarons schon mit den amerikanischen Verwandten verwechseln, spätestens beim ersten

Biss wird der Unterschied jedoch klar. Während Whoopies saftig und in ihrer Konsistenz eher kuchenartig sind, erinnern Macarons an Kekse und sind entsprechend knusprig. Die äußere Hülle sollte kross sein und leicht knacken, wenn man hineinbeißt. Mit Kokosmakronen haben die runden bunten Köstlichkeiten übrigens nichts zu tun. Sie bestehen lediglich aus Mandeln, Puderzucker, Salz und Eiweiß und sind daher eher Geschwister des Baisers.

Grundrezept für ca. 40 Macarons

120 g geschälte gemahlene Mandeln, 150 g Puderzucker, 2 Eiweiße (Größe M), Salz

Mischen Sie die sehr fein gemahlenen Mandeln mit dem Puderzucker und sieben das Ganze durch. Das ist ganz wichtig, damit die Plätzchenhälften eine glatte und glänzende Oberfläche bekommen! Schlagen Sie die Eiweiße unter Zugabe von 1 Prise Salz steif. Dann löffelweise die Puderzucker-Mandel-Mischung unterheben. Sie können nun portionsweise verschiedene Lebensmittelfarben unterrühren, um bunte Macarons zu backen.

Füllen Sie den Mandel-Eischnee in einen Einweg-Spritzbeutel, dem Sie etwa 8 mm von der Spitze abgeschnitten haben. Setzen Sie auf zwei gefettete Backbleche kleine Kleckse; es sollten insgesamt 80 Stück werden. Lassen Sie diese bei 80 Grad Umluft im vorgeheizten Ofen auf der mittleren Schiene rund 15 Minuten trocknen. Wenn sich die Oberfläche trocken anfühlt, den Ofen auf 160 Grad Umluft erhitzen und die Plätzchen ca. sieben bis acht Minuten backen.

Weiter geht es wie bei den Whoopie Pies: Das Gebäck vollständig auskühlen lassen. Dann auf eine Hälfte der Kekse die gewünschte Füllung geben und jeweils eine zweite Hälfte mit der flachen Unterseite daraufsetzen und leicht andrücken. Sie können alle Füllungen aus diesem Buch verwenden.

Und jetzt: Viel Spaß und guten Appetit!

einfach schokoladig

12

Schokoladenwhoopies
mit Frischkäsefüllung

1 Den Backofen auf 180 Grad Ober- und Unterhitze (160 Grad Umluft) vorheizen. Weiche Butter mit Zucker schaumig schlagen. Das Ei zugeben und das Ganze gut verrühren. Nach und nach Mehl und Backpulver dazusieben. Milch zugeben und alles zu einem glatten Teig verrühren.

2 Zartbitterkuvertüre grob hacken und über einem heißen Wasserbad schmelzen. Etwas abkühlen lassen und dann unter den Teig rühren. Ein Backblech mit Backpapier belegen.

3 Mit einem Esslöffel ca. 10 kleine runde Kleckse auf das Blech setzen. Im heißen Ofen 10–15 Minuten backen. Herausnehmen und die Oberseite der Hälfte der Kekse mit Chocolate Chips bestreuen. Dann alles auf einem Kuchengitter auskühlen lassen. Den übrigen Teig auf die gleiche Weise verarbeiten.

4 Für die Füllung Frischkäse, Sirup und Puderzucker miteinander verrühren. Sahne steif schlagen und vorsichtig unter die Frischkäsecreme heben. Die Masse in einen Spritzbeutel mit kleiner Sterntülle füllen. Die Creme auf die flache Seite der übrigen Kekse spritzen. Die restlichen Kekse aufsetzen und leicht andrücken.

Tipp

Wer nicht genug Schokolade bekommen kann, mengt unter die Füllung noch 1 TL Kakaopulver.

Für ca. 15 Stück
Für den Teig:
120 g Butter
180 g Zucker
1 Ei (Größe M)
250 g Mehl (Type 405)
1 TL Backpulver
80 ml Milch
70 g Zartbitter-
kuvertüre

Für die Garnitur:
Chocolate Chips

Für die Füllung:
150 g Frischkäse
natur
2 EL Vanillesirup
1 EL Puderzucker
75 g Schlagsahne

Zubereitungszeit:
30 Min.
Backzeit:
45 Min.

14 Schwarz-weiße Whoopies

1 Für den Teig Puderzucker und weiche Butter cremig schlagen. Mehl mit Speisestärke vermengen und über den Teig sieben. Eigelb zugeben und alles zu einem geschmeidigen Teig verkneten. Den Teig halbieren und das Kakaopulver in eine Hälfte einarbeiten.

2 Beide Teige leicht miteinander verkneten, sodass ein Muster entsteht. Zu 2 Rollen mit je ca. 6 cm Durchmesser rollen und im Kühlschrank 2 Stunden kalt stellen.

3 Den Backofen auf 180 Grad Ober- und Unterhitze (160 Grad Umluft) vorheizen. Ein Backblech mit Backpapier belegen. Die Rollen in jeweils ca. 12 Scheiben schneiden. Die Scheiben auf dem Backpapier verteilen und bei Bedarf etwas flacher drücken.

4 Das Blech in den heißen Ofen schieben. Die Kekse 10–15 Minuten backen und anschließend wieder aus dem Backofen nehmen. Küchlein abkühlen lassen.

5 Für die Füllung die Kuvertüre hacken. Mit der Sahne in einen Topf geben und unter Rühren erhitzen, bis sich die Kuvertüre aufgelöst hat.

6 Auf die Hälfte der Whoopies die Schokoladencreme geben und die andere Hälfte der Kekse als Deckel obenauf legen. Leicht andrücken und die Füllung vor dem Servieren fest werden lassen.

Tipp

Wenn Sie diese Whoopie Pies verzieren wollen, ziehen Sie mit geschmolzener dunkler und weißer Schokolade Linienmuster über die Küchlein.

Für ca. 12 Stück
Für den Teig:
100 g Puderzucker
200 g Butter
240 g Mehl
  (Type 405)
60 g Speisestärke
1 Eigelb (Größe M)
4 EL Kakaopulver

Für die Füllung:
200 g Zartbitter-
  kuvertüre
50 g Schlagsahne

Zubereitungszeit:
30 Min.
Kühlzeit:
2 Std.
Backzeit:
15 Min.

Schokoladenwhoopies
mit Marshmallowcreme

1 Den Backofen auf 180 Grad Ober- und Unterhitze (160 Grad Umluft) vorheizen. Weiche Butter mit Zucker und 1 Prise Salz cremig rühren. Anschließend das Ei unterrühren. Mehl mit Kakao und Backpulver vermengen und mit der Buttermilch abwechselnd unter die Buttermasse rühren.

2 Ein Backblech mit Backpapier auslegen. Ca. 10 gut esslöffelgroße runde Teigkleckse auf das Backblech geben. Im heißen Ofen 10–15 Minuten backen. Anschließend die Küchlein herausnehmen, mit dem Backpapier vom Blech lösen und auskühlen lassen. Den übrigen Teig auf die gleiche Weise verarbeiten.

3 In der Zwischenzeit Zartbitterkuvertüre über einem heißen Wasserbad schmelzen. Die Hälfte der Pies mit der Glasur linienförmig überziehen und gut trocknen lassen.

4 Für die Füllung weiche Butter mit Puderzucker und Vanillearoma weißcremig schlagen. Dann nach und nach die Marshmallowcreme unterrühren. Die flache Seite der unglasierten Pies mit der Creme bestreichen. Je 1 glasierten Kuchendeckel aufsetzen und Whoopie Pies servieren.

Tipp

Marshmallowcreme erhält man in gut sortieren Supermärkten oder in Spezialitätengeschäften. Wer es noch bunter mag, verziert die Küchlein mit buntem Zuckerdekor, solange die Glasur noch weich ist, und lässt sie dann vor dem Servieren gut trocknen.

Für ca. 15 Stück

Für den Teig:
125 g Butter
125 g Zucker
Salz
1 Ei (Größe M)
250 g Mehl (Type 405)
40 g Kakaopulver
1 TL Backpulver
150 ml Buttermilch

Für die Garnitur:
100 g Zartbitterkuvertüre

Für die Füllung:
120 g Butter
80 g Puderzucker
einige Tropfen Vanillearoma
150 g Marshmallowcreme

Zubereitungszeit:
40 Min.
Backzeit:
45 Min.

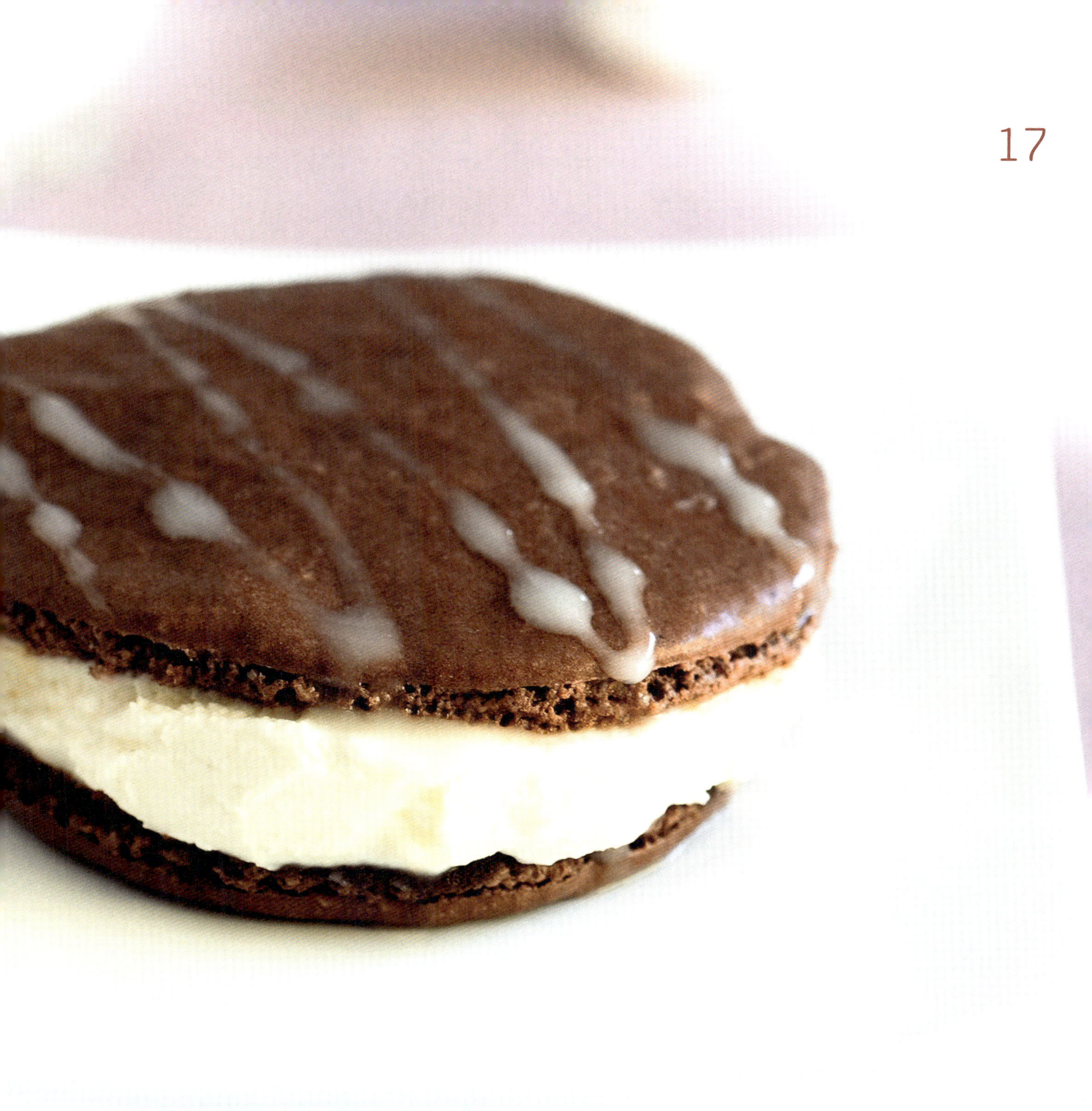

18

Passionsfrucht-Whoopies
mit Schokoladenfüllung

1 Den Backofen auf 180 Grad Ober- und Unterhitze (160 Grad Umluft) vorheizen. Zimmerwarme Butter und Puderzucker cremig rühren. Mehl und Backpulver vermengen und über den Teig sieben. Eigelbe zugeben und alles zu einem glatten Teig verrühren.

2 Passionsfrüchte halbieren und das Fruchtfleisch auslösen. Das Ganze durch ein Haarsieb streichen und das Fruchtpüree unter den Teig rühren.

3 Ein Whoopie-Blech ausfetten und den Teig portionsweise einfüllen. Küchlein im Ofen 10–15 Minuten backen. Nach Ende der Backzeit Whoopies aus dem Ofen nehmen und auskühlen lassen. Danach die Küchlein aus dem Blech lösen, auf einem Kuchengitter erkalten lassen und den übrigen Teig auf die gleiche Weise verarbeiten.

4 Für die Füllung die Schokolade hacken und mit der Sahne in einen Topf geben. Das Ganze erhitzen und

die Schokolade unter ständigem Rühren bei niedriger Temperatur schmelzen.

5 Auf die flache Seite der Hälfte der ausgekühlten Whoopies die Schokoladencreme geben. Die übrigen Küchlein obenauf setzen und leicht andrücken. Creme vor dem Servieren fest werden lassen.

Tipp

Wer kein spezielles Whoopie-Blech besitzt, kann den Teig natürlich auch auf einem normalen Blech backen. Dafür das Blech mit Backpapier auslegen und den Teig in Häufchen daraufsetzen. Lassen Sie dabei zwischen den einzelnen Teigportionen ausreichend Platz, da sie beim Backen noch aufgehen.

Für ca. 15 Stück
Für den Teig:
200 g Butter
100 g Puderzucker
300 g Mehl
(Type 405)
1 Tl. Backpulver
5 Eigelbe (Größe M)

3 Passionsfrüchte
Fett für die Form

Für die Füllung:
150 g Zartbitterschokolade
50 g Schlagsahne

Zubereitungszeit:
35 Min.
Backzeit:
30 Min.

Dunkle Whoopies
mit Limettenfüllung

1 Den Backofen auf 180 Grad Ober- und Unterhitze (160 Grad Umluft) vorheizen. Für den Teig zimmerwarme Butter mit Zucker, Vanillezucker und Ei cremig rühren. Anschließend den Joghurt untermengen.

2 Kakao, Mehl und Backpulver mischen. Nach und nach über die Joghurtmischung sieben und gründlich unterrühren. Ein Blech mit Backpapier auslegen und den Teig in ca. 10 kreisrunden Portionen daraufgeben. In den heißen Backofen schieben und auf der mittleren Schiene 10–15 Minuten backen.

3 Nach Ende der Backzeit das Blech aus dem Ofen nehmen und kurz abkühlen lassen. Dann die Küchlein auf einem Kuchengitter abkühlen lassen. Den übrigen Teig portionsweise auf die gleiche Art verarbeiten.

4 Für die Füllung Limetten mit heißem Wasser waschen und trocken reiben. Die Schale fein abreiben und den Saft der Früchte auspressen. Einen Teil der Schale sowie den Saft mit Puderzucker und Frischkäse glatt rühren.

5 Auf die flache Seite der Hälfte der Whoopies die Limettencreme streichen und mit restlicher Schale bestreuen. Übrige Küchlein aufsetzen und leicht andrücken. Creme vor dem Servieren fest werden lassen.

Tipp

Vor dem Backen darauf achten, dass zwischen den Teigklecksen ausreichend Platz ist, da der Teig noch aufgeht.

Beim Verzieren sind Ihrer Fantasie natürlich keine Grenzen gesetzt. Wer es bunt mag, überzieht die Oberseite der Küchlein beispielsweise mit buntem Fondant und verziert die Küchlein mit kleinen Zuckerblüten.

Für ca. 15 Stück
Für den Teig:
75 g Butter
150 g Zucker
1 El Vanillezucker
1 Ei (Größe M)
150 g Naturjoghurt
20 g Kakaopulver

160 g Mehl (Type 405)
1 Tl Backpulver

Für die Füllung:
2 Limetten (unbehandelt)
60 g Puderzucker
130 g Frischkäse natur

Zubereitungszeit:
30 Min.
Backzeit:
45 Min.

Whoopies
mit Schokoladenmousse gefüllt

1 Für die Füllung die Kuvertüre hacken und über einem heißen Wasserbad schmelzen. Sahne steif schlagen. Eiweiß mit 1 Prise Salz steif schlagen und gründlich unter die geschmolzene Schokolade rühren. Geschlagene Sahne unterziehen und die Mousse ca. 3 Stunden kalt stellen.

2 Für den Teig Puderzucker mit zimmerwarmer Butter cremig schlagen. Mehl und Speisestärke über den Teig sieben und unterziehen. Eigelb dazugeben und das Ganze zu einem geschmeidigen Teig verkneten.

3 Den Teig zu 2 Rollen mit jeweils 3–4 cm Durchmesser rollen. Im Kühlschrank ca. 2 Stunden kalt stellen.

4 Den Backofen auf 180 Grad Ober- und Unterhitze (160 Grad Umluft) vorheizen. Ein Backblech mit Backpapier auslegen. Die Teigrollen in ca. 3 mm dicke Scheiben schneiden und die Hälfte der Teigkreise auf dem Backpapier verteilen.

5 Das Blech in den heißen Backofen schieben und die Küchlein 10–15 Minuten backen. Danach aus dem Backofen nehmen und abkühlen lassen. Die übrigen Teigkreise auf die gleiche Weise backen.

6 Auf die Hälfte der abgekühlten Kekse jeweils etwas Schokomousse geben. Die übrigen Küchlein aufsetzen und leicht andrücken.

Tipp

Eine besondere Note erhalten die Whoopies, wenn Sie die Mousse mit einem Hauch Chilipulver aromatisieren. Und wer mag, stäubt vor dem Servieren noch etwas Kakaopulver darüber oder glasiert sie mit geschmolzener Zartbitterkuvertüre. Soll es bunt werden, verziert man sie mit Dekorzucker – edel mit goldenen Perlen, flippig mit Konfetti aus Zucker in ausgefallenen Farben.

Für ca. 15 Stück	Für den Teig:	Zubereitungszeit:
Für die Füllung:	100 g Puderzucker	45 Min.
100 g Zartbitter-kuvertüre	200 g Butter	Kühlzeit:
100 g Schlagsahne	240 g Mehl (Type 405)	3 Std.
3 Eiweiße (Größe M)	60 g Speisestärke	Backzeit:
Salz	1 Eigelb (Größe M)	30 Min.

24 Schoko-Vanille-Whoopies
mit Ingwer

1 Den Backofen auf 180 Grad Ober- und Unterhitze (160 Grad Umluft) vorheizen. Für den Teig zimmerwarme Butter mit Zucker, Vanillezucker und Ei cremig rühren. Dann den Joghurt hinzufügen.

2 Kakaopulver mit Mehl und Backpulver mischen. Nach und nach durch ein Sieb über den Teig stäuben und unterrühren. Ein Backblech mit Backpapier auslegen und ca. 20 kleine runde Teigportionen daraufsetzen; dabei darauf achten, dass dazwischen ausreichend Platz ist.

3 Das Blech in den Ofen schieben und die Küchlein auf der mittleren Schiene 10–15 Minuten backen. Anschließend aus dem Ofen nehmen und Whoopie Pies auskühlen lassen. Mit dem übrigen Teig auf die gleiche Weise verfahren.

4 Für die Füllung den Ingwer schälen und sehr fein raspeln. Vanilleschote längs halbieren und Mark auskratzen. Ingwer mit Vanillemark, Puderzucker, Sahne und Frischkäse glatt rühren. Auf die flache Seite der Hälfte der Küchlein reichlich Creme geben. Die übrigen Whoopie Pies obenauf setzen und leicht andrücken. Vor dem Servieren fest werden lassen.

Tipp

Wer keinen frischen Ingwer zur Hand hat, kann auch etwas Ingwerpulver verwenden. Mit der frischen Wurzel wird die Creme aber viel aromatischer.

Für ca. 20 Stück	160 g Mehl (Type 405)	Zubereitungszeit:
Für den Teig:	1 Tl. Backpulver	30 Min.
75 g Butter		Backzeit:
150 g Zucker		30 Min.
1 Päckchen Vanille-zucker	Für die Füllung:	
1 Ei (Größe M)	3 cm Ingwerknolle	
150 g Naturjoghurt	1 Vanilleschote	
20 g Kakaopulver	30 g Puderzucker	
	30 g Schlagsahne	
	100 g Frischkäse natur	

Whoopie Pies
mit Schokoglasur

1 Den Backofen auf 180 Grad Ober- und Unterhitze (160 Grad Umluft) vorheizen. Weiche Butter mit Zucker und 1 Prise Salz cremig schlagen. Das Ei unterrühren. Mehl mit Kakao und Backpulver mischen und mit der Buttermilch abwechselnd unter die Buttermasse rühren.

2 Ein Backblech mit Backpapier belegen. Ca. 10 kreisrunde Teigkleckse daraufsetzen und im heißen Ofen 10–15 Minuten backen. Nach Ende der Backzeit Kekse herausnehmen, mit dem Backpapier vom Blech lösen und auskühlen lassen. Den übrigen Teig auf die gleiche Weise zu Küchlein verarbeiten.

3 Für die Füllung von der Milch 4 EL abnehmen und mit Speisestärke glatt rühren. Übrige Milch mit Vanillezucker erhitzen. Dann die angerührte Stärke langsam unterrühren. Eigelb einrühren und alles abkühlen lassen.

4 Für die Garnitur die Kuvertüre über einem heißen Wasserbad schmelzen. Die Oberseite der Hälfte der Pies mit der Glasur überziehen und mit Zuckerperlen und Nonpareille bestreuen. Glasur gut trocknen lassen.

5 Inzwischen für die Füllung weiche Butter mit Puderzucker cremig schlagen und nach und nach die Vanillecreme unterrühren. Creme in einen Spitzbeutel mit Sterntülle füllen. Die glatte Seite der nicht glasierten Pies kreisförmig damit überziehen. Je 1 glasierten Pie als Deckel aufsetzen und leicht andrücken.

Tipp

Sie können auf die noch nicht feste Glasur auch mit Formzucker-Buchstaben Botschaften schreiben.

Für ca. 15 Stück
Für den Teig:
125 g Butter
125 g Zucker
Salz
1 Ei (Größe M)
250 g Mehl
   (Type 405)
40 g Kakaopulver
1 Th Backpulver
150 ml Buttermilch

Für die Füllung:
120 ml Milch
1 Th Speisestärke
1 Päckchen Vanillezucker
1 Eigelb (Größe M)
120 g Butter
80 g Puderzucker

Für die Garnitur:
125 g Zartbitterkuvertüre

große weiße und grüne Zuckerperlen
kleine silberfarbene Nonpareille (oder in anderen glänzenden Farben)

Zubereitungszeit:
50 Min.
Backzeit:
45 Min.

Schokoladenwhoopies
mit Bananenfüllung

1 Den Backofen auf 180 Grad Ober- und Unterhitze (160 Grad Umluft) vorheizen. Zimmerwarme Butter mit Zucker, Vanillezucker und Ei cremig rühren. Dann den Joghurt unterrühren. Kakao, Mehl und Backpulver mischen. Das Ganze sieben und nach und nach unter die Joghurtmischung rühren.

2 Ein Backblech mit Backpapier auslegen. Dann den Teig in ca. 10 runden Portionen mit ausreichend Abstand zueinander auf das Backblech geben.

3 Das Blech in den heißen Ofen schieben und die Küchlein auf der mittleren Schiene 10–15 Minuten backen. Nach Ende der Backzeit die Whoopie Pies aus dem Ofen nehmen, etwas abkühlen lassen und dann vom Blech lösen. Anschließend den restlichen Teig auf die gleiche Weise weiterverarbeiten.

4 Für die Füllung die Banane schälen und mit dem Zitronensaft pürieren. Mit dem Puderzucker und dem Frischkäse zu einer glatten Creme verrühren. Die Creme auf die flache Seite der Hälfte der Whoopies streichen. Die andere Hälfte der Kekse aufsetzen und leicht andrücken.

Tipp

Soll es ein sahniges Topping auf die Whoopies geben? Dann 250 g Schlagsahne mit 3 EL Puderzucker steif schlagen. 1 Banane pürieren und unter die Sahne rühren, bis alles eine cremige Konsistenz hat. Auf die Küchlein streichen und mit bunten Zuckerperlen bestreut servieren.

Für ca. 15 Stück

Für den Teig:
75 g Butter
150 g Zucker
1 Päckchen Vanille-
zucker
1 Ei (Größe M)
150 g Naturjoghurt
30 g Kakaopulver

150 g Mehl (Type 405)
1 Tl Backpulver

Für die Füllung:
1 Banane
1 EL Zitronensaft,
frisch gepresst
30 g Puderzucker
100 g Frischkäse
natur

Zubereitungszeit:
30 Min.
Backzeit:
45 Min.

30

Schokoladenwhoopies
mit Maronencreme

1 Den Backofen auf 180 Grad Ober- und Unterhitze (160 Grad Umluft) vorheizen. Weiche Butter mit Zucker, Vanillezucker und Ei cremig rühren. Anschließend den Joghurt untermengen.

2 Kakao, Mehl und Backpulver vermengen. Nach und nach über die Joghurtmischung sieben und unter den Teig rühren.

3 Ein Backblech mit Backpapier auslegen. Teig in ca. 10 runden Portionen mit Abstand zueinander daraufgeben. In den heißen Ofen schieben und die Küchlein auf der mittleren Schiene 10–15 Minuten backen. Nach Ende der Backzeit Whoopies herausnehmen und auskühlen lassen. Mit dem übrigen Teig auf die gleiche Weise verfahren.

4 Für die Füllung die Schokolade hacken. Mit dem Maronenpüree in einen kleinen Topf geben und unter ständigem Rühren erwärmen, bis die Schokolade geschmolzen ist.

5 Maronencreme auskühlen lassen. Die flachen Seiten der Hälfte der Whoopies dick mit der Creme bestreichen und die übrigen Küchlein aufsetzen. Leicht andrücken und vor dem Servieren fest werden lassen.

Tipp

Um den Teig gleichmäßig zu portionieren, kann er auch mithilfe eines Eisportionierers auf das Blech gesetzt werden. Maronenpüree erhalten Sie in gut sortierten Supermärkten oder Feinkostgeschäften.

Für ca. 15 Stück
Für den Teig:
75 g Butter
150 g Zucker
1 Päckchen Vanille-zucker
1 Ei (Größe M)
150 g Naturjoghurt

20 g Kakaopulver
160 g Mehl (Type 405)
1 TL Backpulver

Für die Füllung:
50 g Zartbitter-schokolade
150 g Maronenpüree

Zubereitungszeit:
30 Min.
Backzeit:
45 Min.

Schokoladenwhoopies
mit Cranberryfüllung

32

1 Butter in einen Topf geben. Schokolade hacken und dazugeben. Das Ganze erhitzen, bei milder Hitze unter Rühren schmelzen und etwas abkühlen lassen.

2 Eier in eine Rührschüssel geben und schaumig rühren. Nach und nach Zucker und Vanillinzucker unterrühren. Butter-Schokoladen-Masse unterrühren. Mehl mit Kakao-, Back- und Puddingpulver vermengen und zügig unter die Eiermasse rühren. Den Teig ca. 5 Minuten ruhen lassen.

3 Den Backofen auf 180 Grad Ober- und Unterhitze (160 Grad Umluft) vorheizen. Ein Backblech mit Backpapier auslegen. Mit einem Eisportionierer oder einem Esslöffel aus der Hälfte vom Teig ca. 12 Häufchen daraufsetzen. Dazwischen Abstand lassen. Im heißen Ofen 10–15 Minuten backen. Danach auskühlen lassen. Den übrigen Teig auf die gleiche Weise verarbeiten.

4 Für die Füllung Sahne steif schlagen, dabei Sahnesteif und Vanillinzucker einrieseln lassen. Marmelade und Cranberrys unterziehen. Auf die Hälfte der ausgekühlten Whoopie Pies Cranberrysahne setzen und die übrigen Küchlein obenauf setzen. Vorsichtig andrücken. Mit Kakao bestäubt servieren.

Tipp

Wer mag, hackt ca. 1 EL getrocknete Cranberrys fein und hebt diese dann zum Schluss unter den Teig.

Für ca. 12 Stück
Für den Teig:
100 g Butter
150 g Vollmilch-schokolade
3 Eier (Größe M)
125 g Zucker
1 Päckchen Vanillin-zucker
200 g Mehl (Type 405)
2 EL Kakaopulver
1 TL Backpulver

1 Päckchen Mandel-puddingpulver

Für die Füllung:
200 g Schlagsahne
1 Päckchen Sahnesteif
1 Päckchen Vanillin-zucker
2 EL Kirsch-Cranberry-Marmelade
100 g ganze getrocknete Cranberrys

Außerdem:
Kakaopulver zum Bestäuben

Zubereitungszeit:
30 Min.
Backzeit:
30 Min.

Mokkawhoopies (Abb. S. 11)

1 Den Backofen auf 180 Grad Ober- und Unterhitze (160 Grad Umluft) vorheizen. Für den Teig die Kuvertüre hacken und über einem heißen Wasserbad schmelzen. Butter klein schneiden und unter die Kuvertüre rühren.

2 Eier mit Zucker schaumig rühren und die Buttermischung hinzufügen. Mehl mit Backpulver und 1 Prise Salz vermischen und ebenfalls zum Teig geben. Das Ganze glatt rühren.

3 Ein Backblech mit Backpapier auslegen. Etwa ein Drittel des Teigs in einen Spritzbeutel füllen und ca. 10 Teigkreise auf das Blech setzen. Alternativ können Sie natürlich auch einen Esslöffel verwenden. Achten Sie darauf, dass zwischen den Teigportionen ausreichend Abstand ist.

4 Den Teig im heißen Ofen auf der mittleren Schiene 10–15 Minuten backen und danach kurz abkühlen lassen. Die Küchlein vom Blech lösen und auf einem Kuchenrost vollständig auskühlen lassen. Den übrigen Teig portionsweise genauso weiterverarbeiten.

5 In der Zwischenzeit für die Füllung die Kuvertüre hacken. Mit dem Kaffeepulver sowie 50 ml Wasser in einem Topf erwärmen, bis sich die Kuvertüre und der Kaffee vollständig aufgelöst haben.

6 Auf die glatte Seite der Hälfte der erkalteten Whoopie Pies jeweils etwas Füllung geben. Die übrigen Whoopies aufsetzen und leicht andrücken. Die Füllung vor dem Servieren fest werden lassen.

Tipp

Wer es noch aromatischer mag, gibt in den Teig noch einen Schuss Kaffeelikör.
Und wenn die Whoopies noch verziert werden sollen, bietet sich z. B. eine Glasur aus Puderzucker und Espresso an. Zusätzlich können die Küchlein noch mit Mokkabohnen verziert werden.

Für ca. 15 Stück
Für den Teig:
175 g Zartbitter-
kuvertüre
115 g Butter
3 Eier (Größe M)
210 g Zucker
160 g Mehl (Type 405)

1/2 TL Backpulver
Salz

Für die Füllung:
200 g Zartbitter-
kuvertüre
2 TL lösliches Kaffee-
pulver

Zubereitungszeit:
30 Min.
Backzeit:
45 Min.

fruchtig & bunt

36 Red-Velvet-Whoopie-Pies

1 Den Backofen auf 180 Grad Ober- und Unterhitze (160 Grad Umluft) vorheizen. Weiche Butter mit Zucker und 1 Prise Salz cremig rühren, dann Ei und Grenadinesirup unterrühren. Mehl mit Kakao und Backpulver vermengen. Das Ganze mit der Buttermilch abwechselnd unter die Buttermasse rühren.

2 Ein Backblech mit Backpapier auslegen. Ein Drittel vom Teig abnehmen und ca. 10 runde Kleckse mit ausreichend Abstand zueinander auf das Blech setzen. In den Ofen schieben und die Küchlein 10–15 Minuten backen.

3 Nach Ende der Backzeit die Whoopies aus dem Ofen nehmen. Vom Blech lösen und auskühlen lassen. Den übrigen Teig auf die gleiche Weise verarbeiten.

4 Puderzucker mit so viel Himbeersaft glatt rühren, dass ein dickflüssiger Guss entsteht. In einen Gefrierbeutel füllen und eine sehr kleine Ecke abschneiden. Die Oberseite einer Hälfte der Whoopies linienförmig damit verzieren und den Guss fest werden lassen.

5 Für die Füllung weiche Butter mit Puderzucker und Vanillearoma weißcremig schlagen. Nach und nach die Marshmallowcreme unterrühren. Glatte Seiten der übrigen Whoopies damit bestreichen und je 1 verzierten Deckel aufsetzen. Leicht andrücken und servieren.

Tipp

Wer es noch üppiger mag, der bereitet die doppelte Menge der Füllung zu. Dann die Hälfte der Buttercreme als Füllung verwenden und den Rest auf die Deckel der Whoopies streichen. Dann die Buttercreme mit dem rosa Zuckerguss linienförmig verzieren.

Für ca. 15 Stück

Für den Teig:
125 g Butter
120 g Zucker
Salz
1 Ei (Größe M)
2 EL Grenadinesirup
250 g Mehl (Type 405)
40 g Kakaopulver
1 TL Backpulver
150 ml Buttermilch

Für den Guss:
120 g Puderzucker
etwas Himbeersaft

Für die Füllung:
120 g Butter
80 g Puderzucker
einige Tropfen Vanillearoma
150 g Marshmallowcreme

Zubereitungszeit:
30 Min.

Backzeit:
45 Min.

Whoopie Pies
mit Kürbis

1 Kürbisfleisch bei Bedarf schälen und auf einer Küchenreibe sehr fein raspeln. Backofen auf 180 Grad Ober- und Unterhitze (160 Grad Umluft) vorheizen.

2 Die zimmerwarme Butter mit Zucker schaumig schlagen. Das Ei zugeben und unterrühren. Mehl mit Kakao und Backpulver vermengen und mit Milch und Kürbisraspeln unter den Teig rühren.

3 Ein Backblech mit Backpapier auslegen. Ein Drittel vom Teig abnehmen und mithilfe eines Esslöffels ca. 10 runde Teigkleckse auf das Blech setzen.

4 Blech in den heißen Ofen schieben und Küchlein 10–15 Minuten backen. Danach herausnehmen, auf einen Kuchenrost setzen und auskühlen lassen. Den übrigen Teig portionsweise auf die gleiche Art verarbeiten.

5 Für die Füllung Frischkäse mit Sirup und Puderzucker glatt verrühren. Sahne steif schlagen und unter die Creme ziehen. Die Masse in einen Spritzbeutel mit kleiner Sterntülle füllen und kreisförmig auf die Hälfte der Pies verteilen. Jeweils ein zweites Küchlein auf die Creme setzen. Leicht andrücken und dann die Whoopie Pies servieren.

Tipp

Anstelle von geraspeltem Fruchtfleisch kann auch Kürbispüree verwendet werden. Wer es noch herbstlicher mag, würzt den Teig noch mit ein wenig Zimt, Muskatnuss und Ingwerpulver.
Diese Küchlein eignen sich auch hervorragend für die Halloweenparty. Dann können sie zusätzlich z. B. mit orangefarbenen Kürbisgesichtern verziert werden, die Sie aus entsprechend eingefärbter Fondant- oder Marzipanmasse ausschneiden.

Für ca. 15 Stück
Für den Teig:
100 g Kürbisfruchtfleisch
125 g Butter
125 g brauner Zucker
1 Ei (Größe M)
180 g Mehl (Type 405)

1 EL Kakaopulver
1 TL Backpulver
80 ml Milch

Für die Füllung:
150 g Frischkäse natur
2 EL Vanillesirup

1 EL Puderzucker
75 g Schlagsahne

Zubereitungszeit:
40 Min.
Backzeit:
45 Min.

Whoopies
mit Limettencreme

1 Für die Füllung Limetten heiß abwaschen und trocken reiben. Die Schale mit der feinen Seite einer Küchenreibe abreiben. Limetten halbieren und den Saft auspressen. Limettensaft mit Schale, Zucker, Eiern, 1 Prise Salz und weicher Butter glatt verrühren.

2 Die Limettenmischung über einem heißen Wasserbad unter ständigem Rühren ca. 15 Minuten erhitzen, bis sie sich zu einer Creme verdickt hat. Das Wasser darf dabei nicht kochen. Limettencreme abkühlen lassen und danach mit etwas Lebensmittelfarbe grün färben.

3 Den Backofen auf 180 Grad Ober- und Unterhitze (160 Grad Umluft) vorheizen. Für den Teig weiche Butter und Puderzucker cremig rühren. Mehl und Backpulver mischen und über den Teig sieben. Eigelbe zum Teig geben und alles glatt rühren.

4 Ein Backblech mit Backpapier auslegen. Etwa ein Drittel vom Teig abnehmen und in ca. 10 runden Portionen auf das Blech setzen. Das Ganze in den Ofen schieben und die Küchlein auf der mittleren Schiene 10–15 Minuten backen.

5 Whoopie Pies nach Ende der Backzeit aus dem Ofen nehmen, vom Blech heben und auf einem Kuchengitter auskühlen lassen. Den übrigen Teig portionsweise auf die gleiche Weise verarbeiten.

6 Auf die flache Seite der Hälfte der abgekühlten Küchlein jeweils grüne Limettencreme streichen. Die übrigen Küchlein als Deckel aufsetzen und leicht andrücken. Anschließend die Creme fest werden lassen. Vor dem Servieren Whoopie Pies nach Wunsch mit fein gemahlenen Pistazien bestäuben.

Für ca. 15 Stück
Für die Füllung:
4 Limetten (unbehandelt)
160 g Zucker
2 Eier (Größe M)
Salz
40 g Butter
einige Tropfen grüne Lebensmittelfarbe

Für den Teig:
200 g Butter
100 g Puderzucker
300 g Mehl (Type 405)
1 TL Backpulver
5 Eigelbe (Größe M)

Außerdem:
gemahlene Pistazien zum Bestäuben

Zubereitungszeit:
1 Std.
Backzeit:
45 Min.

Zitronenwhoopies
mit Marshmallowfüllung

1 Mehl mit Zitronenschale, Zucker und 1 Prise Salz mischen und auf die Arbeitsfläche häufen. In die Mitte eine Mulde drücken, das Ei hineinschlagen und die Butter in Flöckchen darum herum verteilen. Alles rasch zu einem glatten Teig verkneten. Eine Kugel formen, in Frischhaltefolie wickeln und für 30 Minuten kalt stellen.

2 Den Backofen auf 180 Grad Ober- und Unterhitze (160 Grad Umluft) vorheizen und ein Backblech mit Backpapier belegen. Den Teig auf einer bemehlten Arbeitsfläche durchkneten und 5 mm dünn ausrollen. In Quadrate von ca. 5 cm Seitenlänge schneiden, diese auf das Blech legen und 10–15 Minuten goldgelb backen.

3 Mögliche Teigreste wieder zusammenkneten, erneut ausrollen und weitere Quadrate ausschneiden, bis der Teig verbraucht ist. Fertig gebackene Kekse aus dem Ofen nehmen, mit dem Backpapier vom Blech ziehen und auf einem Kuchengitter auskühlen lassen.

4 Für die Füllung Butter und Puderzucker in eine Rührschüssel geben und weißcremig verschlagen. Nach und nach die Marshmallowcreme unterrühren und die Füllung mit Vanillearoma abschmecken. Die Hälfte der Kekse mit der Creme bestreichen, die restlichen Kekse aufsetzen und leicht andrücken.

5 Puderzucker mit Zitronensaft zu einem dickflüssigen Guss verrühren und in einen Spritzbeutel mit kleiner Lochtülle füllen. Den Zuckerguss in Streifen auf die Kekse spritzen. Kekse vollständig trocknen lassen und in fest verschließbaren Vorratsgläsern aufbewahren.

Für ca. 25 Stück

Für den Teig:
300 g Mehl (Type 405)
1 TL abgeriebene Zitronenschale (unbehandelt)
100 g Zucker
Salz
1 Ei (Größe M)
200 g Butter
Mehl für die Arbeitsfläche

Für die Füllung:
150 g Butter
100 g Puderzucker
200 g Marshmallowcreme
einige Tropfen Vanillearoma

Für den Guss:
150 g Puderzucker
1–2 EL Zitronensaft, frisch gepresst

Zubereitungszeit:
30 Min.

Kühlzeit:
30 Min.

Backzeit:
30 Min.

Apfel-Zimt-Whoopie-Pies

44

1 Den Backofen auf 180 Grad Ober- und Unterhitze (160 Grad Umluft) vorheizen. Die zimmerwarme Butter mit Zucker, Sirup und 1 Prise Salz schaumig schlagen, dann das Ei unterrühren.

2 Mehl mit Backpulver und Zimt mischen. Apfelringe in sehr kleine Stücke schneiden oder fein hacken. Die Mehlmischung mit den Apfelstückchen und dem Apfelsaft unter die Schaummasse rühren.

3 Ein Backblech mit Backpapier auslegen. Aus einem Drittel des Teigs ca. 10 runde Kleckse mit ausreichend Abstand zueinander daraufgeben und in den Ofen schieben. Den Teig 10–15 Minuten backen. Danach das Blech herausnehmen und die Küchlein auskühlen lassen. Den übrigen Teig auf die gleiche Weise verarbeiten.

4 Für die Füllung die Sahne halbsteif schlagen. Sahnesteif mit Puderzucker und Zimt vermengen und unter die Sahne rühren. Dann die Sahne steif schlagen. Den Joghurt unterziehen.

5 Die glatte Seite der Hälfte der Pies mit der Sahnecreme bestreichen. Die andere Hälfte der Pies als Deckel auflegen und leicht andrücken.

Tipp

Neben Äpfeln eignen sich auch andere Trockenfrüchte wie Birnen oder Pflaumen. Die Whoopies lassen sich auch wunderbar mit den jeweiligen Früchten verzieren. Geben Sie etwas Zuckerguss auf die Küchlein und setzen Sie dann z. B. je 1 Apfelring darauf. Vor dem Servieren den Guss fest werden lassen!

Für ca. 15 Stück

Für den Teig:
125 g Butter
100 g brauner Zucker
2 EL Zuckerrüben-
sirup
Salz
1 Ei (Größe M)
220 g Mehl (Type 405)
1 TL Backpulver

1 TL Zimtpulver
15 getrocknete Apfel-
ringe
100 ml naturtrüber
Apfelsaft

Für die Füllung:
175 g Schlagsahne
1 Päckchen Sahne-
steif

2 TL Puderzucker
1 TL Zimtpulver
1 EL Naturjoghurt

Zubereitungszeit:
40 Min.
Backzeit:
45 Min.

Rosa Whoopie Pies

1 Den Backofen auf 180 Grad Ober- und Unterhitze (160 Grad Umluft) vorheizen. Weiche Butter mit Zucker cremig schlagen. Ei unter die Masse rühren. Mehl mit Stärke sowie Backpulver mischen und mit Buttermilch abwechselnd unter den Teig heben.

2 Ein Backblech mit Backpapier belegen. Ein Drittel vom Teig in einen Spritzbeutel mit Lochtülle füllen und ca. 10 kleine Kreise auf das Blech spritzen. Im vorgeheizten Ofen 10–15 Minuten backen. Fertig gebackene Kekse aus dem Ofen nehmen und auskühlen lassen. Den übrigen Teig auf die gleiche Weise verarbeiten.

3 Für die Füllung Butter und Puderzucker cremig schlagen und die Marshmallowcreme unterrühren. Mit roter Lebensmittelfarbe rosa färben. Die Creme in einen Spritzbeutel mit kleiner Sterntülle geben. Puderzucker mit etwas

Milch zu einem dickflüssigen Guss verrühren. Ebenfalls mit roter Lebensmittelfarbe färben.

4 Auf die Hälfte der Küchlein kleine Tupfen der Creme spritzen. Die übrigen Kekse mit Zuckerguss bestreichen, mit Schokoraspeln bestreuen und dann auf die Creme setzen.

Tipp

Marshmallowcreme ist auch in Rosa mit Erdbeergeschmack erhältlich. Wenn Sie diese verwenden, kann die rote Lebensmittelfarbe weggelassen werden.

Für ca. 15 Stück
Für den Teig:
125 g Butter
180 g Zucker
1 Ei (Größe M)
250 g Mehl
 (Type 405)
1 EL Speisestärke
1/2 TL Backpulver
140 ml Buttermilch

Für die Füllung:
120 g Butter
75 g Puderzucker
150 g Marshmallow-
creme
rote Lebensmittelfarbe

Für den Guss:
150 g Puderzucker
2 EL Milch
rote Lebensmittelfarbe

Außerdem:
weiße Schokoladen-
raspel

Zubereitungszeit:
30 Min.
Backzeit:
45 Min.

Himbeerwhoopies

48

1 Den Backofen auf 180 Grad Ober- und Unterhitze (160 Grad Umluft) vorheizen. Weiche Butter mit Zucker und 1 Prise Salz cremig rühren und das Ei unterrühren. Mehl mit Kakao und Backpulver vermengen und mit der Buttermilch abwechselnd unter die Buttermasse rühren.

2 Ein Drittel vom Teig in einen Spritzbeutel mit kleiner Lochtülle füllen und ein Backblech mit Backpapier belegen. Darauf ca. 10 kleine Teigkreise spritzen und bei Bedarf etwas glatt streichen. Auf der mittleren Schiene im heißen Ofen 10–15 Minuten backen. Anschließend die Küchlein auf einen Kuchenrost geben und auskühlen lassen. Übrigen Teig genauso verarbeiten.

3 Für die Füllung Gelatine in kaltem Wasser einweichen. Himbeeren mit Vanillezucker in einem Topf erhitzen, bis die Beeren weich sind, dann durch ein Sieb passieren. Gelatine ausdrücken und im heißen Himbeermark auflösen. Masse erkalten lassen.

4 Für den Guss Puderzucker mit etwas Milch dickflüssig verrühren und mit Lebensmittelfarbe zartlila färben. Bei der Hälfte der Pies die obere Seite mit Guss bestreichen und mit Herzen bestreuen. Fest werden lassen.

5 Für die Füllung Butter mit Puderzucker weißcremig schlagen und das Himbeermark unterrühren. Die Creme in einen Spritzbeutel mit kleiner Sterntülle geben. Die flache Seite der übrigen Pies mit der Creme bespritzen. Glasierte Pies als Deckel aufsetzen und leicht andrücken.

Tipp

Die Whoopies können auch mit violett gefärbtem Fondant überzogen werden. Masse dünn ausrollen und Kreise in Größe der Küchlein ausschneiden. Diese über die Deckel legen und andrücken. Zum Verzieren Zuckerguss als Kleber benutzen.

Für ca. 15 Stück
Für den Teig:
125 g Butter
125 g Zucker, Salz
1 Ei (Größe M)
250 g Mehl (Type 405)
40 g Kakaopulver
1 TL Backpulver
150 ml Buttermilch

Für die Füllung:
1 Blatt Gelatine
75 g Himbeeren
1 EL Vanillezucker
75 g Butter
40 g Puderzucker

Für den Guss:
150 g Puderzucker

ca. 2 EL Milch
violette Lebensmittelfarbe
kleine Zuckerherzen

Zubereitungszeit:
45 Min.
Backzeit:
45 Min.

Whoopie Pies
mit Erdnussbutter und Marshmallowcreme

1 Den Backofen auf 180 Grad Ober- und Unterhitze (160 Grad Umluft) vorheizen. Die Butter weißcremig rühren. Dann nach und nach Zucker, Eier und abgeriebene Zitronenschale einrühren.

2 Mehl mit Backpulver und Puddingpulver vermischen und unter die Buttermischung rühren. Ein Backblech mit Backpapier belegen. Ein Drittel vom Teig in einen Spritzbeutel füllen und ca. 10 Teigkreise mit ausreichend Abstand zueinander auf das Backblech spritzen.

3 Das Blech in den heißen Ofen schieben und den Teig 10–15 Minuten backen. Anschließend herausnehmen, das Backpapier mit den Küchlein vom Blech ziehen und die Pies auf einem Kuchengitter auskühlen lassen. Den übrigen Teig genauso weiterverarbeiten.

4 Die flache Seite der Pies erst mit etwas Erdnussbutter bestreichen und darauf jeweils etwas Marshmallowcreme verteilen. Die andere Hälfte der Pies als Deckel aufsetzen. Leicht andrücken und servieren.

Tipp

Marshmallowcreme ist auch unter dem Namen Marshmallow Fluff bekannt.
Zum Verzieren bieten sich kleine Karamellstücke oder gehackte Erdnüsse an; diese über die mit Zuckerguss oder Buttercreme überzogenen Küchlein streuen.

Für ca. 15 Stück
Für den Teig:
125 g Butter
100 g Zucker
2 Eier (Größe M)
1 Msp. abgeriebene Zitronenschale (unbehandelt)
250 g Mehl (Type 405)

1 Tl. Backpulver
1 Tl. Vanillepuddingpulver

Für die Füllung:
125 g feine Erdnussbutter
125 g Marshmallowcreme

Zubereitungszeit:
30 Min.
Backzeit:
45 Min.

Grüntee-Whoopies
mit Himbeerfüllung

1 Für die Füllung Himbeeren verlesen und vorsichtig waschen. Dann trocken tupfen und putzen. 150 g Himbeeren abwiegen und in einem Topf mit einer Gabel zerdrücken. Zitronensaft und Gelierzucker einrühren und 30 Minuten Saft ziehen lassen. Nach Ende der Ziehzeit die Beerenmischung aufkochen und ca. 2 Minuten sprudelnd kochen. Die Konfitüre anschließend abkühlen lassen.

2 Inzwischen den Backofen auf 180 Grad Ober- und Unterhitze (160 Grad Umluft) vorheizen. Für den Teig weiche Butter mit Puderzucker cremig rühren. Mehl mit Backpulver vermengen und über den Teig sieben. Eigelbe und Macha-Pulver zugeben und das Ganze glatt rühren.

3 Ein Backblech mit Backpapier auslegen. Vom Teig ca. ein Drittel abnehmen und in ca. 10 runden Portionen auf das Blech geben. Dabei ausreichend Abstand dazwischen lassen, da der Teig noch aufgeht. Die Küchlein im heißen Ofen 10–15 Minuten backen.

4 Nach Backzeitende Whoopie Pies auskühlen lassen, vom Blech lösen und auf einem Kuchenrost auskühlen lassen. Den übrigen Teig portionsweise auf die gleiche Weise weiterverarbeiten.

5 Auf die flache Seite der Hälfte der Pies Himbeerkonfitüre geben. Die übrigen Küchlein aufsetzen und leicht andrücken. Mit gemahlenen Pistazien bestreut servieren.

Tipp

Macha-Pulver ist ein sehr fein gemahlenes Grüntee-pulver, das aus Japan und China stammt. Sie erhalten es in gut sortierten Supermärkten oder in speziellen Teegeschäften.

Für ca. 15 Stück
Für die Füllung:
200 g Himbeeren
1 EL Zitronensaft, frisch gepresst
75 g Gelierzucker 2:1

Für den Teig:
200 g Butter
100 g Puderzucker
300 g Mehl (Type 405)
1 TL Backpulver
5 Eigelbe (Größe M)
1 TL Macha-Pulver

Außerdem:
gemahlene Pistazien

Zubereitungszeit:
50 Min.
Backzeit:
45 Min.

Heidelbeerwhoopies

54

1 Den Backofen auf 180 Grad Ober- und Unterhitze (160 Grad Umluft) vorheizen. Weiche Butter weiß-cremig rühren und nach und nach Zucker, Eier und abge-riebene Zitronenschale einrühren. Mehl mit Back- und Puddingpulver vermischen und ebenfalls unter den Teig rühren. Heidelbeeren waschen, trocken tupfen und vor-sichtig unterziehen.

2 Ein Backblech mit Backpapier auslegen. Ein Drittel vom Teig abnehmen und daraus mit einem Esslöffel ca. 10 runde Kleckse mit ausreichend Abstand zueinander auf das Blech setzen.

3 Das Blech in den heißen Ofen schieben und den Teig 10–15 Minuten backen. Anschließend herausnehmen, die Küchlein mit dem Backpapier vom Blech ziehen und die Pies auf einem Kuchengitter auskühlen lassen. Den üb-rigen Teig auf die gleiche Weise weiterverarbeiten.

4 Für die Füllung die Sahne halbsteif schlagen. Sahne-steif mit Puderzucker mischen und unter die Sahne rühren. Weiterschlagen, bis die Sahne steif ist.

5 Die gerade Seite der Hälfte der Pies mit der Sahne be-streichen und ein passendes Gegenstück als Deckel daraufsetzen. Leicht andrücken und servieren.

Tipp

Die Heidelbeeren lassen sich nach Belieben natür-lich auch durch andere Beeren ersetzen. Probieren Sie beispielsweise auch mal Stachelbeeren.

Für ca. 15 Stück
Für den Teig:
125 g Butter
100 g Zucker
2 Eier (Größe M)
1 Msp. abgeriebene
Zitronenschale
(unbehandelt)
250 g Mehl
(Type 405)

1 Th Backpulver
2 Th Vanillepudding-
pulver
125 g Heidelbeeren

Für die Füllung:
200 g Schlagsahne
1 Päckchen Sahne-
steif
1 EL Puderzucker

Zubereitungszeit:
40 Min.
Backzeit:
45 Min.

56

Orangen-Whoopie-Pies
mit Möhren

1 Den Backofen auf 180 Grad Ober- und Unterhitze (160 Grad Umluft) vorheizen. Möhren schälen und raspeln. Zimmerwarme Butter mit Zucker und 1 Prise Salz schaumig schlagen und das Ei unterrühren.

2 Mehl mit Kakao und Backpulver mischen. Mit Orangensaft und Möhrenraspeln unter die Buttermasse rühren. Ein Backblech mit Backpapier auslegen. Vom Teig ein Drittel abnehmen und in ca. 10 runden Portionen auf das Blech setzen. Küchlein im heißen Ofen 10–15 Minuten backen. Nach Ende der Backzeit die Küchlein auf einen Rost geben und auskühlen lassen. Den übrigen Teig portionsweise auf die gleiche Weise weiterverarbeiten.

3 Für den Karamellsirup Zucker in einen Topf streuen und schmelzen lassen. Wenn er eine goldgelbe Farbe erhält, 70 ml Wasser angießen, den Karamell loskochen und sirupartig einkochen lassen. Die Hälfte der Whoopies dann dünn mit Karamell überziehen.

4 Für die Füllung Sahne mit Kakao und Zimt mischen und halbsteif schlagen. Sahnesteif mit Puderzucker vermischen und unter die Sahne schlagen, bis die Sahne steif ist.

5 Die übrige Hälfte der Whoopie Pies mit der Sahne bestreichen und ein passendes Gegenstück als Deckel daraufsetzen. Leicht andrücken und servieren.

Tipp

Bei diesen Whoopie Pies bietet es sich förmlich an, sie mit kleinen Möhrchen aus Marzipan zu verzieren. Sie halten am besten, wenn sie mit etwas Zuckerguss befestigt werden.

Für ca. 15 Stück
Für den Teig:
85 g Möhren
125 g Butter
125 g Zucker
Salz
1 Ei (Größe M)
180 g Mehl (Type 405)
40 g Kakaopulver

1 Th Backpulver
125 ml Orangensaft

Für den Sirup:
70 g Zucker

Für die Füllung:
200 g Schlagsahne
1 Th Trinkkakaopulver

1 Msp. Zimtpulver
1 Päckchen Sahnesteif
1 EL Puderzucker

Zubereitungszeit:
40 Min.
Backzeit:
45 Min.

58 Zimt-Orangen-Whoopies

1 Den Backofen auf 180 Grad Ober- und Unterhitze (160 Grad Umluft) vorheizen. Zimmerwarme Butter und Puderzucker weißcremig rühren.

2 Mehl, Backpulver und Zimt vermengen. Eigelbe unterrühren und das Ganze mit der Butter-Zucker-Mischung glatt rühren.

3 Ein Backblech mit Backpapier auslegen. Etwa ein Drittel des Teigs abnehmen und ca. 10 runde Teigkleckse mit ausreichend Abstand zueinander auf das Blech setzen. Im heißen Ofen auf der mittleren Schiene 10–15 Minuten backen.

4 Nach Ende der Backzeit das Blech aus dem Ofen nehmen. Küchlein kurz ausdampfen lassen, dann auf einem Kuchengitter vollständig auskühlen lassen. Den übrigen Teig auf die gleiche Weise weiterverarbeiten.

5 Für die Füllung Orange halbieren und auspressen. Den Saft in einer Rührschüssel aus Metall mit Zucker, Eiern, 1 Prise Salz und zimmerwarmer Butter verrühren.

6 Die Orangensaftmischung über einem heißen Wasserbad unter Rühren ca. 20 Minuten erhitzen, bis sich die Masse zu einer Creme verdickt hat. Dabei darauf achten, dass das Wasser nicht kocht. Die Creme abkühlen lassen.

7 Die ausgekühlte Creme mit etwas Lebensmittelfarbe färben. Orangencreme auf die flache Seite der Hälfte der Whoopies streichen. Übrige Küchlein aufsetzen und leicht andrücken.

Für ca. 15 Stück
Für den Teig:
200 g Butter
100 g Puderzucker
300 g Mehl (Type 405)
1 Tl Backpulver
2 Tl Zimtpulver
5 Eigelbe (Größe M)

Für die Füllung:
1 Orange
200 g Zucker
2 Eier (Größe M)
Salz
40 g Butter
orangefarbene Lebensmittelfarbe

Zubereitungszeit:
45 Min.
Backzeit:
45 Min.

Whoopies mit Vanille
und Himbeergelee (Abb. S. 35)

60

1 Für die Füllung Himbeeren waschen, putzen und in einen Topf geben. Zucker und 100 ml Wasser zugeben. Das Ganze erhitzen und 5–10 Minuten unter Rühren köcheln lassen.

2 Anschießend Beeren in ein mit einem sauberen Küchentuch ausgelegtes Sieb abgießen und den Saft abtropfen lassen. Am Schluss nur sehr leicht ausdrücken. Himbeersaft mit Apfelsaft auf 300 ml aufgießen.

3 Saft mit Gelierzucker in einem Topf verrühren und aufkochen. Ca. 4 Minuten unter Rühren sprudelnd kochen lassen. Vom Herd ziehen und erkalten lassen.

4 Den Backofen auf 180 Grad Ober- und Unterhitze (160 Grad Umluft) vorheizen. Für den Teig weiche Butter mit Vanillezucker und Puderzucker cremig rühren. Mehl und Backpulver mischen und über die Buttermischung sieben. Mit Eigelben zu einem glatten Teig rühren.

5 Die Mulden eines Whoopie-Blechs ausfetten und den Teig portionsweise einfüllen. Im heißen Ofen auf der mittleren Schiene 10–15 Minuten backen. Anschließend auskühlen lassen und Whoopies aus dem Blech lösen. Den übrigen Teig portionsweise genauso verarbeiten.

6 Himbeergelee durchrühren. Die glatte Seite der Hälfte der Whoopies mit dem Gelee bestreichen und die übrigen Küchlein aufsetzen. Whoopie Pies mit frisch gemahlener Vanilleschote bestreuen und dann servieren.

Tipp

Natürlich können die Whoopie Pies auch ohne ein spezielles Blech gebacken werden. Dafür ein Backblech mit Backpapier auslegen und den Teig portionsweise daraufgeben. Dabei ausreichend Abstand zwischen den einzelnen Teigportionen lassen.

Für ca. 15 Stück

Für die Füllung:
500 g Himbeeren
1 EL Zucker
Apfelsaft nach Bedarf
300 g Gelierzucker 1:1

Für den Teig:
200 g Butter
1 TL Vanillezucker
100 g Puderzucker
300 g Mehl (Type 405)
1 TL Backpulver
5 Eigelbe (Größe M)
Fett für die Form

Außerdem:
Vanilleschote, frisch gemahlen

Zubereitungszeit:
1 Std.

Backzeit:
45 Min.

raffiniert &
ausgefallen

Minzwhoopies

1 Den Backofen auf 180 Grad Ober- und Unterhitze (160 Grad Umluft) vorheizen. Für den Teig zimmerwarme Butter mit Puderzucker und Vanillezucker weißcremig schlagen. Eier zugeben und unterrühren.

2 Mehl und Backpulver vermengen und über den Teig sieben. Einrühren und nach und nach die Milch untermengen. Zum Schluss abgeriebene Zitronenschale, Minzaroma und 2 Msp. grüne Lebensmittelfarbe unterrühren.

3 Ein Backblech mit Backpapier auslegen. Ein Drittel vom Teig in einen Spritzbeutel mit runder Tülle füllen. Den Teig in ca. 10 Tupfen mit Abstand zueinander auf das Backpapier spritzen. Whoopies in den heißen Ofen schieben und auf der mittleren Schiene 10–15 Minuten backen. Danach Küchlein aus dem Backofen nehmen und vom Blech lösen. Auf einem Kuchengitter auskühlen lassen. Mit dem übrigen Teig ebenso verfahren.

4 Für die Füllung die Kuvertüre hacken und mit der Sahne in einen Topf geben. Das Ganze unter Rühren erwärmen, bis die Kuvertüre geschmolzen ist. Die flache Seite der Hälfte der Whoopie Pies mit der Schokocreme bestreichen. Die übrigen Küchlein daraufsetzen und leicht andrücken. Vor dem Servieren fest werden lassen.

Tipp

Für dieses Rezept eignet sich auch ein Teig für Macarons hervorragend. Ein einfaches Rezept finden Sie auf S. 10 dieses Buchs. Minzaroma und Lebensmittelfarbe ziehen Sie bei diesem Teig dann ebenfalls zum Schluss unter.

Für ca. 15 Stück

Für den Teig:
125 g Butter
160 g Puderzucker
1 Päckchen Vanillezucker
2 Eier (Größe M)
250 g Mehl (Type 405)
1 TL Backpulver
80 ml Milch
1/2 TL abgeriebene Zitronenschale (unbehandelt)
einige Tropfen Minzaroma
grüne Lebensmittelfarbe als Pulver

Für die Füllung:
150 g Zartbitterkuvertüre
50 g Schlagsahne

Zubereitungszeit:
40 Min.
Backzeit:
45 Min.

64

Rosenwhoopies
mit Chai

1 Für die Füllung das Chaipulver in 50 ml Wasser erhitzen und unter Rühren auflösen. Mit Honig und Frischkäse verrühren und im Kühlschrank 1 Stunde kalt stellen.

2 Den Backofen auf 180 Grad Ober- und Unterhitze (160 Grad Umluft) vorheizen. Für den Teig die zimmerwarme Butter mit Zucker weißcremig schlagen, danach das Ei unterrühren.

3 Mehl, Mandeln und Backpulver vermengen und nach und nach unter den Teig rühren. Anschließend Joghurt mit Milch glatt unterrühren. Zum Schluss Rosenwasser und 1–2 Msp. Lebensmittelfarbe untermengen.

4 Ein Backblech mit Backpapier auslegen und ein Drittel vom Teig in einen Spritzbeutel mit runder Tülle füllen. Den Teig in ca. 20 kleinen Tupfen mit ausreichend Abstand zueinander auf das Backpapier spritzen. Whoopies

im heißen Ofen 10–15 Minuten backen. Danach auf einem Kuchengitter vollständig abkühlen lassen. Mit dem übrigen Teig auf die gleiche Weise verfahren.

5 Die flache Seite der Hälfte der Whoopie Pies mit der Chai-Creme bestreichen. Die übrigen Küchlein auf die Creme setzen und leicht andrücken. Vor dem Servieren fest werden lassen.

Tipp

Rosenwasser erhält man in Apotheken, Reformhäusern und gut sortierten Supermärkten bei den Backzutaten. Chaipulver kann man ebenfalls in gut sortierten Supermärkten oder in Teegeschäften kaufen.

Für ca. 30 Stück

Für die Füllung:
2 Th Chaipulver (Instant)
4 EL Honig
150 g Frischkäse natur

Für den Teig:
125 g Butter
140 g Zucker
1 Ei (Größe M)
200 g Mehl (Type 405)
50 g gemahlene Mandeln
1 EL Backpulver
100 g Naturjoghurt
50 ml Milch
1 EL Rosenwasser
rote Lebensmittelfarbe als Pulver

Zubereitungszeit:
40 Min.

Kühlzeit:
1 Std.

Backzeit:
45 Min.

Haselnusswhoopies
mit Schuss

1 Für den Teig Ei und Zucker weißschaumig schlagen. Joghurt, Milch und zerlassene Butter einrühren. Mehl mit Backpulver und Haselnüssen vermischen. Nach und nach durch ein Sieb über den Teig stäuben und einrühren. Den Teig im Kühlschrank 30 Minuten ruhen lassen.

2 Den Backofen auf 180 Grad Ober- und Unterhitze (160 Grad Umluft) vorheizen. 2 Backbleche mit Backpapier auslegen. Aus dem Teig mit einem Teelöffel ca. 60 Kugeln abstechen, auf die Bleche verteilen und etwas flach drücken.

3 Die Bleche nacheinander für je 10–15 Minuten auf die mittlere Schiene des Backofens schieben. Anschließend herausnehmen und Küchlein auf einem Kuchenrost auskühlen lassen.

4 Für die Füllung weiche Butter mit Puderzucker cremig schlagen. Marshmallowcreme und Rum hinzufügen und im Kühlschrank 30 Minuten kalt stellen.

5 Sobald die Whoopies abgekühlt sind, auf die flache Seite der Hälfte der Whoopies Creme geben und die übrigen Küchlein aufsetzen. Vor dem Servieren fest werden lassen.

Tipp

Noch nussiger werden diese kleinen Häppchen, wenn sie ganz zum Schluss noch in gehackten Haselnüssen gewälzt werden.

Für ca. 30 Stück
Für den Teig:
1 Ei (Größe M)
150 g Zucker
125 g Naturjoghurt
25 ml Milch
75 g Butter, zerlassen
275 g Mehl (Type 405)
1/2 TL Backpulver

50 g gemahlene Haselnüsse

Für die Füllung:
150 g Butter
280 g Puderzucker
220 g Marshmallowcreme
4 EL Rum

Zubereitungszeit:
30 Min.
Kühlzeit:
1 Std.
Backzeit:
30 Min.

68

Lavendelwhoopies

1 Den Backofen auf 180 Grad Ober- und Unterhitze (160 Grad Umluft) vorheizen. Die weiche Butter mit Zucker schaumig schlagen. Vanilleschote längs halbieren und das Mark auskratzen. Mit den Eiern zur Buttermischung geben und alles gut verrühren.

2 Mehl mit Backpulver vermengen. Nach und nach über den Teig sieben und unterziehen. Milch und Lavendelsirup ebenfalls zugeben und alles zu einem glatten Rührteig verarbeiten.

3 Ein Backblech mit Backpapier auslegen. Ein Drittel vom Teig in einen Spritzbeutel füllen und auf das Blech ca. 10 kleine runde Kleckse spritzen. In den Ofen schieben und den Teig auf der mittleren Schiene 10–15 Minuten backen. Danach herausnehmen und die Küchlein auskühlen lassen. Mit dem übrigen Teig genauso verfahren.

4 Für die Füllung weiche Butter mit Zucker weißcremig schlagen. Marshmallowcreme untermischen und die Creme in einen Spritzbeutel mit kleiner Sterntülle geben. Die Creme auf die flache Seite der Hälfte der Kekse spritzen. Ein zweites Küchlein darauflegen und leicht andrücken. Lavendelwhoopies gut gekühlt servieren.

Tipp

Je nach gewünschter Farbintensität kann noch ein wenig violette Lebensmittelfarbe mit in den Teig gegeben werden.

Für ca. 15 Stück
Für den Teig:
120 g Butter
100 g Zucker
1/2 Vanilleschote
2 Eier (Größe M)
250 g Mehl (Type 405)
1 TL Backpulver

150 ml Milch
2 EL Lavendelsirup

Für die Füllung:
40 g Butter
3 EL Zucker
150 g Marshmallowcreme

Zubereitungszeit:
30 Min.
Backzeit:
45 Min.

Puffreis-Whoopies

1 Den Backofen auf 180 Grad Ober- und Unterhitze (160 Grad Umluft) vorheizen. Zimmerwarme Butter und braunen Zucker cremig rühren.

2 Mehl, Backpulver und gehackte Mandeln vermengen. Mit Eigelben zur Buttermischung geben und unterrühren. Ein Backblech mit Backpapier belegen. Ein Drittel vom Teig in ca. 10 runden Klecksen auf das Blech setzen; dabei auf ausreichend Abstand zueinander achten. Küchlein dann 10–15 Minuten im heißen Ofen auf der mittleren Schiene backen.

3 Nach Backzeitende Whoopies aus dem Ofen nehmen, kurz ausdampfen lassen und dann auf ein Kuchengitter setzen. Vollständig auskühlen lassen. Den übrigen Teig ebenso weiterverarbeiten.

4 Für die Füllung den Frischkäse mit Puderzucker glatt rühren. Anschließend den Puffreis unterziehen. Die Puffreis-Füllung auf die flache Seite der Hälfte der Whoopies geben. Die übrigen Küchlein aufsetzen und leicht andrücken. Anschließend Puffreis-Whoopies servieren.

Tipp

Farbenfroh werden die Whoopies, wenn man bunten, süßen Puffreis verwendet. Die Whoopies sollten in jedem Falle nicht zu lange stehen, da der Puffreis sonst zu matschig wird.

Für ca. 15 Stück
Für den Teig:
200 g Butter
120 g brauner Zucker
300 g Mehl (Type 405)
1 TL Backpulver
40 g gehackte Mandeln
5 Eigelbe (Größe M)

Für die Füllung:
60 g Frischkäse natur
30 g Puderzucker
50 g Puffreis

Zubereitungszeit:
25 Min.
Backzeit:
45 Min.

72

Whoopie Pies
zum Valentinstag

1 Den Backofen auf 180 Grad Ober- und Unterhitze (160 Grad Umluft) vorheizen. Zimmerwarme Butter mit Zucker cremig rühren und das Ei unterrühren. Mehl mit Stärke und Backpulver mischen und mit der Buttermilch abwechselnd unter den Teig rühren.

2 Ein Backblech mit Backpapier auslegen. Ein Drittel vom Teig in einen Spritzbeutel mit kleiner Lochtülle füllen und ca. 10 kleine Kreise auf das Blech spritzen. Im heißen Ofen 10–15 Minuten backen, danach herausnehmen und Küchlein auf einem Kuchenrost auskühlen lassen. Den übrigen Teig genauso verarbeiten.

3 Für den Guss den Puderzucker mit etwas Milch dickflüssig anrühren. Den Guss auf die obere Seite der Hälfte der Pies verteilen und mit Dekorzucker und Zuckerperlen bestreuen. Fest werden lassen.

4 Für die Füllung weiche Butter mit Puderzucker weißcremig schlagen und die Marshmallowcreme unterrühren. Mit roter Lebensmittelfarbe zartrosa einfärben. In einen Spritzbeutel mit kleiner Lochtülle geben und auf die flache Seite der anderen Hälfte der Whoopies spritzen. Die glasierten Pies als Deckel daraufsetzen und leicht andrücken.

5 Die Kuvertüre über einem heißen Wasserbad schmelzen. Jeden Whoopie Pie auf einer Seite am Rand schmal mit Glasur bestreichen. Glasur fest werden lassen.

Tipp

Wenn Sie die Füllung nicht mit Lebensmittelfarbe färben wollen, können Sie auch rosafarbene Marshmallowcreme mit Erdbeergeschmack kaufen.

Für ca. 15 Stück
Für den Teig:
125 g Butter
180 g Zucker
1 Ei (Größe M)
250 g Mehl (Type 405)
1 EL Speisestärke
1/2 TL Backpulver
140 ml Buttermilch

Für den Guss:
150 g Puderzucker

ca. 2 EL Milch
grober Dekorzucker in Rosa und Rot
rosa Zuckerperlen

Für die Füllung:
120 g Butter
75 g Puderzucker
150 g Marshmallowcreme
rote Lebensmittelfarbe

Außerdem:
100 g Zartbitterkuvertüre

Zubereitungszeit:
40 Min.
Backzeit:
45 Min.

Whoopie Pies
zu Weihnachten

1 Den Backofen auf 180 Grad Ober- und Unterhitze (160 Grad Umluft) vorheizen. Die weiche Butter mit Zucker und 1 Prise Salz cremig rühren und dann das Ei unterrühren.

2 Mehl mit Kakao, Lebkuchengewürz und Backpulver vermengen und mit der Buttermilch abwechselnd unter die Buttermasse rühren. Zartbitterschokolade über einem heißen Wasserbad schmelzen und dann unter den Teig ziehen.

3 Ein Backblech mit Backpapier auslegen. Ein Drittel der Masse in einen Spritzbeutel mit großer Lochtülle füllen und ca. 10 kleine runde Kleckse mit genügend Abstand zueinander auf das Blech spritzen.

4 Das Blech in den heißen Ofen schieben und die Küchlein auf der mittleren Schiene 10–15 Minuten backen. Anschließend herausnehmen, das Backpapier vom Blech ziehen und die Pies auf einem Kuchengitter auskühlen lassen. Den verbliebenen Teig auf die gleiche Art portionsweise weiterverarbeiten.

5 Für die Füllung die Kuvertüre sehr fein hacken. Die Sahne aufkochen, die Kuvertüre zugeben und unter Rühren schmelzen. Die Masse so weit abkühlen lassen, dass sie gerade noch weichcremig ist.

6 Die weiche Butter schaumig schlagen und die Sahne-Kuvertüre-Mischung nach und nach unterrühren. Die Creme in einen Spritzbeutel mit Sterntülle füllen und auf die flache Seite der Hälfte der Whoopie Pies geben. Die übrigen Pies als Deckel daraufsetzen und leicht andrücken.

7 Für die Garnitur die Sahne steif schlagen. Die Whoopie-Pie-Deckel jeweils mit etwas Sahne bestreichen, die Oberfläche etwas glätten und mit einigen roten und grünen Zuckerperlen bestreuen.

Für ca. 15 Stück

Für den Teig:
125 g Butter
125 g Zucker
Salz
1 Ei (Größe M)
220 g Mehl (Type 405)
50 g Kakaopulver
1 TL Lebkuchengewürz
1 TL Backpulver
120 ml Buttermilch
50 g Zartbitter-
schokolade

Für die Füllung:
100 g dunkle Kuvertüre
60 g Schlagsahne
60 g Butter

Für die Garnitur:
125 g Schlagsahne
rote und grüne Zucker-
perlen

Zubereitungszeit:
45 Min.

Backzeit:
45 Min.

Herzhafte Whoopies
mit Speck

1 Den Backofen auf 180 Grad Ober- und Unterhitze (160 Grad Umluft) vorheizen. Für den Teig weiche Butter schaumig rühren und Eier untermengen. Parmesan reiben und mit Mehl sowie Backpulver untermengen. Mit etwas Salz und frisch gemahlenem Pfeffer würzen.

2 Ein Backblech mit Backpapier belegen. Ein Drittel vom Teig mit einem Esslöffel in ca. 10 runden Häufchen auf das Blech setzen und diese leicht flach drücken. Im heißen Ofen auf der mittleren Schiene 10–15 Minuten backen. Danach die Küchlein herausnehmen und kurz ausdampfen lassen. Auf ein Kuchengitter geben und vollständig erkalten lassen. Den übrigen Teig auf die gleiche Weise weiterverarbeiten.

3 In der Zwischenzeit für die Füllung den Bacon in einer Pfanne ohne Zugabe von Fett kross ausbraten. Eier und Milch verquirlen und mit Salz und frisch gemahlenem Pfeffer würzen.

4 Butter in einer beschichteten Pfanne erhitzen. Die Eimischung hineingeben und zu Rührei stocken lassen. Den Bacon klein schneiden. Die Hälfte der ausgekühlten Whoopie Pies mit dem Rührei belegen. Bacon daraufgeben. Übrige Küchlein daraufsetzen und leicht andrücken.

Tipp

Natürlich lassen sich Teig und Füllung ganz beliebig und individuell würzen. Wer es beispielsweise asiatisch mag, der würzt den Teig mit etwas Curry und ersetzt den Speck durch gegarte und mit Curry sowie etwas Koriander gewürzte Mungobohnensprossen.

Für ca. 15 Stück

Für den Teig:
250 g Butter
2 Eier (Größe M)
60 g Parmesan
375 g Mehl (Type 405)
1 TL Backpulver
Salz
Pfeffer aus der Mühle

Für die Füllung:
120 g Bacon in Streifen
3 Eier (Größe M)
2 EL Milch
Salz
Pfeffer aus der Mühle
1 EL Butter

Zubereitungszeit:
30 Min.
Backzeit:
45 Min.

78

Würzige Whoopies
mit Kreuzkümmel und Tomatenfüllung

1 Für den Teig weiche Butter und Ei schaumig schlagen. Mehl, Backpulver, Salz und Gewürze vermischen und mit der Buttermischung schnell zu einem glatten Teig verkneten. Im Kühlschrank 2 Stunden kalt stellen.

2 Den Backofen auf 180 Grad Ober- und Unterhitze (160 Grad Umluft) vorheizen. Den Teig zu Rollen mit ca. 4 cm Durchmesser formen und in ca. 60 Scheiben schneiden.

3 2 Backbleche mit Backpapier auslegen und die Teigportionen darauflegen. Bleche nacheinander in den Ofen schieben und Kekse auf der mittleren Schiene jeweils 10–15 Minuten backen. Nach Ende der Backzeit aus dem Ofen nehmen und Kekse auskühlen lassen.

4 Für die Füllung die getrockneten Tomaten gut abtropfen lassen und im Mixer fein pürieren. Die Hälfte der Whoopies dick mit der Tomatencreme bestreichen. Die übrigen Kekse aufsetzen und leicht andrücken.

Tipp

Die Tomatencreme kann nach Geschmack auch noch dezent mit Gewürzen abgeschmeckt werden. Es passt natürlich etwas Kreuzkümmelpulver, aber auch ein wenig Oregano schmeckt gut darin.

Für ca. 30 Stück
Für den Teig:
150 g Butter
1 Ei (Größe M)
250 g Mehl (Type 405)
1 TL Backpulver
1 TL Salz

1/2 TL Zimtpulver
1/2 TL Kreuzkümmelpulver

Für die Füllung:
200 g getrocknete Tomaten in Öl (Glas)

Zubereitungszeit:
30 Min.
Kühlzeit:
2 Std.
Backzeit:
30 Min.

Register

Apfel-Zimt-Whoopie-Pies 44

Dunkle Whoopies mit Limettenfüllung 20

Grüntee-Whoopies mit Himbeerfüllung 52

Haselnusswhoopies mit Schuss 66
Heidelbeerwhoopies 54
Herzhafte Whoopies mit Speck 76
Himbeerwhoopies 48

Lavendelwhoopies 68

Macarons (Grundrezept) 10
Minzwhoopies 62
Mokkawhoopies 34

Orangen-Whoopie-Pies mit Möhren 56

Passionsfrucht-Whoopies mit Schokoladenfüllung 18
Puffreis-Whoopies 70

Red-Velvet-Whoopie-Pies 36
Rosa Whoopie Pies 46
Rosenwhoopies mit Chai 64

Schokoladenwhoopies mit Bananenfüllung 28
Schokoladenwhoopies mit Cranberryfüllung 32
Schokoladenwhoopies mit Frischkäsefüllung 12
Schokoladenwhoopies mit Maronencreme 30
Schokoladenwhoopies mit
  Marshmallowcreme 16
Schoko-Vanille-Whoopies mit Ingwer 24
Schwarz-weiße Whoopies 14

Whoopie Pies mit Erdnussbutter und
  Marshmallowcreme 50
Whoopie Pies mit Kürbis 38
Whoopie Pies mit Schokoglasur 26
Whoopie Pies zum Valentinstag 72
Whoopies mit Limettencreme 40
Whoopies mit Schokoladenmousse
  gefüllt 22
Whoopies mit Vanille und Himbeergelee 60
Whoopie Pies zu Weihnachten 74
Würzige Whoopies mit Kreuzkümmel und
  Tomatenfüllung 78

Zimt-Orangen-Whoopies 58
Zitronenwhoopies mit Marshmallow-
  füllung 42

Bildnachweis

123rf.de: Elisabeth Coelfen 4 (2 x), 5 (Hinterlegung), 6 o., 7 (Hinterlegung), 9 u., James Clarke 5 o., Li Xuejun 7 u., Karen Appleyard 8 u., Ruth Black 10; Cranberry Marketing Committee: 33; fotolia.de: Esther Hildebrandt 8 o., 9 (Hinterlegung); iStockphoto.de: TheCrimsonMonkey 6 u.; Photocuisine: 11, 15, 19, 21, 23, 25, 29, 31, 35, 41, 53, 59, 63, 65, 67, 71, 77, 79; StockFood: 13, 17, 27, 37, 39, 43, 45, 47, 49, 51, 55, 57, 61, 69, 73, 75